JN080779

はじめに

　絵本や物語を読んでいて、お話の中に出てきたお料理が「どんな味なのだろう?」「どんなふうに作るのだろう?」と気になったことはありませんか。絵がかいてあれば予想はつくかもしれませんが、味まではわかりませんね。この『物語からうまれたおいしいレシピ』では、物語に出てくる料理を再現しました。お料理の写真を見ているだけでも、「おいしそう」「食べてみたい」とうっとりしてしまいます。いえいえ、見ているだけではもったいない。自分で作れるように作り方もしょうかいしていますので、作ってみてください。自分で作って食べれば、物語の世界も広がるかもしれません。登場人物の気持ちも、ぐっと身近に感じることができるかもしれません。

　「これ食べてみたい」と料理に興味を持った人は、どんな本に出てくる料理なのか、本のしょうかい文を読んでみてください。そして、本を手に取ってみてください。楽しくて、おいしい本に出会えるかもしれませんよ。

金澤磨樹子　東京学芸大学附属世田谷小学校 司書

　小学校では、物語と給食がコラボレーションするおはなし給食という日があります。ある日、「ぐりとぐらのカステラを食べたら絵本を久しぶりにたくさん読みたくなって図書室に行ってきたよ」と、6年生の子がそっと教えてくれました。食べることで本を読むことが楽しみになったのはなぜでしょう? 好きな食べものだったから? おいしかったから? お話と料理がわたしたちに思いがけないことを教えてくれます。

　学校でもおはなし給食の時間は、「食べる時間」がいつもより特別になります。食べる前に物語を知っていると、「お話のような味をしているのかな?」とワクワクする気持ちになり、物語を知らない場合には「この本読んでみたいな」という気持ちになるのです。そして、おはなし給食の日は、いつもよりたくさんの「料理のレシピを教えて!」という声がわたしのもとにとどきます。

　お話の中に出てきた料理を「食べてみたいな」から「作ってみたいな」という気持ちになることをこの本では大切にしました。そして、作った料理をだれかといっしょに食べることもおすすめします。"だれかに"作る料理、"いっしょに"食べる料理は100倍楽しいはずですよ。

今　里衣　東京学芸大学附属世田谷小学校 栄養教諭

物語からうまれた おいしいレシピ

① 日本のお話レストラン

［監修］
金澤磨樹子・今 里衣
（東京学芸大学附属世田谷小学校）

ポプラ社

もくじ

この本の使い方

この本では、いろいろな物語に出てくる料理を再現して、その作り方をしょうかいしています。

おうちで作りやすいように、できるだけ手に入りやすい材料で、かんたんな作り方を考えました。料理は、だれでも再現しやすいように変えたり、想像して作ったりしたものもあります。どの物語も、「物語と料理のしょうかいページ」と「作り方のページ」でできています。何がどこに書かれているか、読んでおきましょう。

物語と料理のしょうかいページ

料理の名前
この本で作る料理です。

本の題名
物語がのっている本の題名です。

あらすじと料理の説明
物語のあらすじや、どんな料理なのかを説明しています。

司書の先生から
学校司書の金澤磨樹子先生が、どんなふうに物語に出てくる料理なのかや、本の楽しみ方のポイントを教えてくれます。

本のしょうかい
料理が出てくる本のじょうほうや表紙をのせています。

料理の写真
しょうかいする料理のできあがりの写真です。それぞれの物語の世界を表現したので、見ているだけでも本の場面が思い出されて、楽しくなるでしょう。

作り方のページ

○まず作り方をひと通り読んで、どんな流れでどんな作業をするのか、知っておきましょう。あわてずに進めることができます。
○材料と必要なものを用意しておきましょう。材料は、正確にはかることが大切です。はかり方は、下を参考にしましょう。

材料

料理に必要な材料です。分量は、次のような道具ではかります。

- **mL** なら　計量カップではかる
- **g** なら　はかりではかる
- **大さじ・小さじ** なら　計量スプーンではかる

> 「大さじ1」は、大さじ1ぱいという意味だよ

用意するもの

料理をする前に、あるかどうかかくにんしておきたいものをのせました。包丁、なべ、スプーン、ラップなど、どこのおうちにもありそうなものは入っていません。

Point

その料理のせいこうのカギとなるポイントです。しっかり読んで実行しましょう。

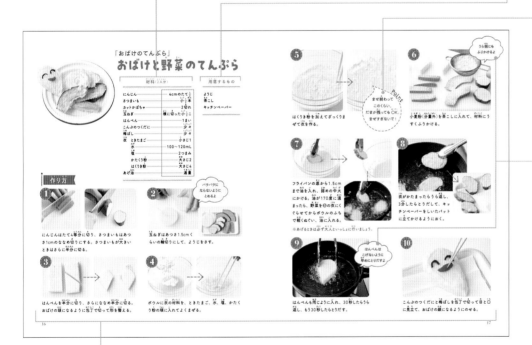

『おばけのてんぷら』
おばけと野菜のてんぷら

材料(2人分)		用意するもの
にんじん	4cmのたて½	ようじ
さつまいも	小½本	茶こし
カットかぼちゃ	2切れ	キッチンペーパー
玉ねぎ	横に切った小1こ	
はんぺん	1まい	
こんぶのつくだに	少々	
梅ぼし	少々	
衣　ときたまご	小さじ1	
水	100～120mL	
塩	2つまみ	
かたくり粉	大さじ2	
はくりき粉	大さじ4	
あげ油	適量	

アドバイス

安全のために注意したいことや、上手にできるコツ、見きわめ方などをふき出しで書きました。

作り方

写真で手順をしょうかいしています。順番通りに作りましょう。

じゅんび

料理を始める前に、やっておきたい作業があるときに書かれています。

○フライパンはフッ素じゅし加工(テフロン)のものを使っています。
○電子レンジの加熱時間は600Wの場合の目安です。
○オーブン、オーブントースター、電子レンジは、機種によって加熱具合に差があります。加熱するときはようすを見ながら時間を調節しましょう。

> 気をつけよう!
火を使うときの注意
○ガスコンロやIH、オーブンを使うときは、かならず大人がいるときにしましょう。
○ガスコンロやIHを使っているときには、そばからはなれないようにしましょう。
○火にかけたなべやフライパン、オーブンの天板はとても熱くなっています。直接手でさわってはいけません。

おしりたんてい
カレーなるじけん

おしりたんていの 大好物をのせた スイートポテトカレー

おみせ MAP

どんなおはなし?

顔の形が「おしり」に見えるおしりたんていは、どんなじけんもププッと かいけつしていくめいたんてい。ある日、行きつけのカフェでお茶をして いると、1週間後にカレーのお店を開くパオットさんがやってきました。

しかしこまったことに、カレーの材料となる特別なスパイスが消えてしま いました! スパイスさがしのいらいを受けたおしりたんていは「フーム、に おいますね」とお決まりのセリフを口にして、はんにんを追いつめていきま す。

どんな料理?

パオットさんの頭にひらめい た、とってもあまいカレーです。

大好物のスイートポテトがのっ たカレーに、おしりたんていは 目をかがやかせました。

「おしりたんていさんの おかげで あたらしい メニューを くわえることが できました。ちいさい お子さんにも だいこうひょうです!」

パオットは おしりたんていに カレーを さしだしました。

「スイートポテトカレーです。 おしりたんていさんの だいこうぶつを カレーに しようと ひらめきました」

おしりたんていは カレーを ゆっくりと 口へ はこびました。 「フムム! おいしいです! ピリッとした かんかくは あるのに まったく からくないです。これなら わたしも たべることが できます」

司書の 先生から

「おしりたんてい」は、絵本、 読みもの、コミックとさまざま出版 され、アニメや映画にもなってい て大人気です。この本は、キャラ クターたちの会話やイラストにか いけつのヒントがあるので、たん てい気分で楽しんでください。

おしりたんてい カレーなる じけん

トロル◉作・絵 [ポプラ社]

『おしりたんてい カレーなる じけん』
スイートポテトカレー

用意するもの

竹ぐし　キッチンペーパー

ポリぶくろ　めんぼう

たいねつゴムべら　グラタン皿

材料（2人分）

スイートポテト		カレー	
さつまいも	150g	ひき肉（とりもも）	80g
はちみつ	大さじ1	玉ねぎ	$\frac{1}{4}$こ
バター	20g	にんじん	4cm
たまごの黄身	1こ分	サラダ油	少々
牛乳	大さじ3〜6	水	200mL
		カレールー（中辛）	2皿分
		ごはん	茶わん2はい分
		粉チーズ	適量

作り方

1 スイートポテトを作る。さつまいもはあつさ1.5cmの半月切りにする。なべに入れてかぶるくらいの水を入れ、竹ぐしがすっとささるまで5〜10分、ゆでる。

2 あら熱がとれたらキッチンペーパーにとって皮をむき、ポリぶくろに入れる。上からめんぼうを転がして平たくのばしながらつぶす。

3 ❷をなべに入れ、はちみつ、バター、たまごの黄身を入れてまぜる。弱火にかけ、牛乳を少しずつ加えながら、なめらかになるまでまぜる。

> ようすを見ながら牛乳を入れて。なめらかになったら〇K

カレーを作る。玉ねぎ、にんじんは1cm角に切る。

あつさ1cmに切ってから、たて3等分に切り、1cmはばに切るよ

フライパンにサラダ油をしいて中火にかけ、ひき肉を入れていためる。肉の色が変わったら、玉ねぎとにんじんを入れていためる。

玉ねぎとにんじんに油が回ったら、水を加えて5分にる。

材料に火が通ったら火を止めてカレールーを入れる。まぜてカレールーがとけたら火をつけ、さらに5分にる。

グラタン皿にごはんを平らにもり、カレーをかける。❸のスイートポテトをのせ、スプーンで広げて形を整える。

粉チーズをかけてオーブントースターで5分ほど、焼き色がつくまで焼く。

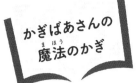
かぎばあさんの
魔法のかぎ

広一が食べきれないと心配した大きなハンバーグ

どんなおはなし?

担任の先生にいやなことを言われて、モヤモヤしているかぎっ子の広一。この気持ちをだれかに話したいと思った広一は、ふと思い立ち、家のかぎを植木にかくします。それは、前にかぎをなくしたときに助けてくれた"かぎばあさん"のことを思い出したからです。

広一の願い通り、目の前にあらわれたかぎばあさんは、家のかぎをあけると、大きなハンバーグを作ってくれました。そして、広一がわざとかぎをかくしたことや、学校での出来事を言い当てていき──。

どんな料理?

かぎばあさんが手さげの中からとりだした材料で作った、ラグビーボールのようなハンバーグ。

広一が食べきれないと思ったほど大きなハンバーグの上には、あまいパイナップルが2切れのっていました。

司書の
先生から

「かぎばあさん」シリーズは、長い間、多くの人に読みつがれています。かぎばあさんは、るすばんしていると来てくれて、おいしい料理を作ってくれます。「うちにも来てほしいなあ」と温かい気持ちになれる1冊です。

かぎばあさんの魔法のかぎ

手島悠介●作
岡本颯子●絵
［岩崎書店］

『かぎばあさんの魔法のかぎ』
大きなハンバーグ

材料（2人分）	
あいびき肉	400g
玉ねぎ	中1こ（200g）
バター	10g
パン粉	40g
牛乳	100mL
A ┌ 塩	小さじ1
├ こしょう、あればナツメグ	各少々
└ たまご	1こ
じゃがいも	中1こ
サラダ油	小さじ1
パイナップル（かんづめ）	4まい

用意するもの

たいねつ皿

キッチンペーパー

作り方

1 ボウルにパン粉を入れ、牛乳をかけておく。

2 玉ねぎをみじん切りにする。たて半分に切って切り口を下にしておき、つけ根を残して5mmはばに切る。向きを変えて横に5mmはばに切る。

3 たいねつ皿に❷の玉ねぎを広げ入れ、バターをのせてふんわりとラップをかける。電子レンジで4分加熱する。あら熱がとれるまでおいておく。

同じ方向に回すようにまぜよう

4 ❶のボウルにあいびき肉とAを入れ、にぎるようにしてよくまぜる。そのあとねばりが出るまで回すようにまぜる。

❺ ❸の玉ねぎを入れて、さらにまぜる。よくまざったら、こぶしでおして空気をぬく。

❻ ❺の半分をまとめて、フライパンにだ円形になるように広げる。

❼ 真ん中をくぼませて、中火で3分焼く。

❽ うら返してふたをし、弱火で8〜10分焼いて皿にもる。キッチンペーパーでフライパンをふきとり、同じように❺の残り半分も焼く。

とちゅうでうら返すとまんべんなくやわらかくなるよ

❾ ハンバーグを焼いている間に、あらったじゃがいもを水をつけたままラップで包み、電子レンジで2〜3分加熱する。あら熱がとれたら皮をむいて4等分に切る。

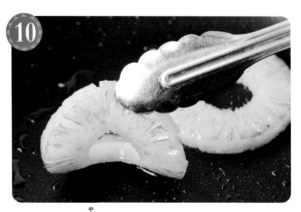

❿ ハンバーグが焼けたらキッチンペーパーでフライパンをふきとり、サラダ油を入れて温め、パイナップルを入れて焼く。こげ目がついたらうら返してさらに2分焼き、ハンバーグにのせ、❾をそえる。

おっちょこちょいな
うさこがあげる
おばけと野菜のてんぷら

どんなおはなし？

　めがねをかけたうさぎのうさこは、食べることが大好き。今日のごはんを考えながら歩いていると、てんぷらのおべんとうを食べているこねこくんを見つけます。そこでうさこは、自分でもてんぷらを作ってみることに。
　家に帰り、さっそくてんぷらを作るうさこですが、はずしためがねをうっかり衣の中へぽちゃん！ しかし、うさこはまったく気がつきません。そこへ、においにさそわれてやまのおばけがやってきます。

どんな料理？

　にんじん、おいもなどを買って帰ってきたうさこが作った野菜のてんぷら。あげたてを「あーおいしい！」とつまみぐいしていたおばけが、衣の中にぽちゃんと落ちて……あやうくいっしょにてんぷらになるところでした。

司書の先生から

　「めがねうさぎ」のシリーズは、全部で4巻出版されています。作者のせなけいこさんは、身のまわりにある紙を切ってはる手法で絵本を作る作家さんです。絵でかかれる絵本とは、ちがったみりょくがあります。

おばけのてんぷら
せなけいこ◎作・絵　［ポプラ社］

『おばけのてんぷら』
おばけと野菜のてんぷら

材料（2人分）

にんじん	4cmのたて$\frac{1}{2}$
さつまいも	小$\frac{1}{2}$本
カットかぼちゃ	2切れ
玉ねぎ	横に切った小$\frac{1}{2}$こ
はんぺん	1まい
こんぶのつくだに	少々
梅ぼし	少々
衣　ときたまご	小さじ1
水	100〜120mL
塩	2つまみ
かたくり粉	大さじ2
はくりき粉	大さじ4
あげ油	適量

用意するもの

ようじ
茶こし
キッチンペーパー

作り方

① にんじんはたて4等分に切り、さつまいもはあつさ1cmのななめ切りにする。さつまいもが大きいときはさらに半分に切る。

バラバラにならないようにとめるよ

② 玉ねぎはあつさ1.5cmくらいの輪切りにして、ようじをさす。

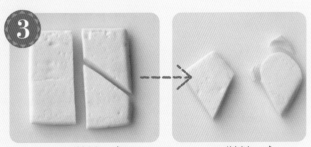

③ はんぺんを半分に切り、さらにななめ半分に切る。おばけの頭になるように包丁で切って形を整える。

④ ボウルに衣の材料を、ときたまご、水、塩、かたくり粉の順に入れてよくまぜる。

⑤

はくりき粉を加えてざっくりまぜて衣を作る。

Point
まぜ終わってこのくらい。だまが残っても OK。まぜすぎないで！

⑥

うら側にもふりかけるよ

小麦粉（分量外）を茶こしに入れて、材料にうすくふりかける。

⑦

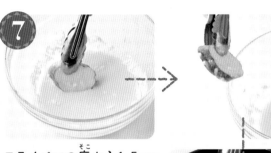

フライパンの底から1.5cmまで油を入れ、弱めの中火にかける。油が170度に温まったら、野菜を⑤の衣にくぐらせてからボウルのふちで軽くぬぐい、油に入れる。

※あげるときは必ず大人といっしょに行いましょう。

⑧

衣がかたまったらうら返し、3分したらとりだして、キッチンペーパーをしいたバットに立てかけるようにおく。

⑨

はんぺんはこげないように早めにとりだすよ

はんぺんも同じように入れ、30秒したらうら返し、もう30秒したらとりだす。

⑩

こんぶのつくだにと梅ぼしを包丁で切って目と口に見立て、おばけの顔になるようにのせる。

大みそかに食べる
思い出の味
キキの大きな肉だんご

どんなおはなし?

　ある満月の夜、13さいの新米魔女キキが、黒猫のジジと"ひとり立ち"の旅に出ます。ふたりがおり立ったのは海が見えるコリコの町。そこでパン屋のおソノさんと出会い、町でのくらしが始まります。

　キキは魔女として自立するため、ほうきで空を飛ぶ魔法が使えることをいかして、空飛ぶ「宅急便屋さん」を開店。さまざまな荷物を運んでいくなかで、よろこびやおどろき、ときには悲しみを味わいながら、魔女として少しずつ成長していきます。

どんな料理?

　キキのふるさとでは、大みそかの夕食にトマトでにた大きな肉だんごを食べる習慣がありました。ひとり立ちをして初めての大みそか、キキはコリコの町でも大きな肉だんごを作ります。ジジといつもの年のように、いつものあいさつをしながら食べようとしたのです。

司書の先生から

　映画は見たけど、原作は読んでいないという人も多いかもしれません。原作には映画では表されていないストーリーが書かれていたり、登場人物のふんいきのちがいを感じることができます。原作を読んで映画とのちがいを楽しんでみてください。

魔女の宅急便
角野栄子●作　林 明子●画
[福音館書店]

『魔女の宅急便』
キキの大きな肉だんご

材料（2人分）

ぶたひき肉	250g
長ねぎ	10cm

A
かたくり粉	大さじ2
しょうゆ	大さじ1/2
酒	大さじ1/2
たまご	小1こ
おろしにんにく	小さじ1/4
塩・こしょう	各少々

B
カットトマト（かんづめ）	1/2かん
ケチャップ	大さじ3
ウスターソース	大さじ1
さとう	大さじ1/2
水	100mL
塩・こしょう	各少々

用意するもの

めんのひもか
あさのひも

作り方

1

長ねぎはみじん切りにする。まずたて半分に切って切り口を下にしておき、たてに2本切り目を入れる。そのあと、はしから3〜5mmはばに切る。

2

ひき肉と❶の長ねぎをボウルに入れ、Aをすべて入れる。

3

グーパーグーパーと、にぎるようにしてよくまぜる。

4

さらにねばりが出るまで回すようにまぜ、丸くまとめる。

⑤ ラップを広げて④をのせて包む。

ばくはつ
しないように
軽くむすぶよ

加熱後

器が
熱くなるので
注意して！

⑥ 上はひもでゆるくむすび、茶わんなどに入れて、電子レンジで4分加熱する。

⑦ フライパンを中火にかけ、Bをすべて入れてまぜる。

⑧ 肉だんごと肉だんごから出たしるを入れる。スプーンで肉だんごにソースをかける。

⑨ 弱火にして、ふたをして10分にる。

⑩ 塩、こしょうで味をととのえる。

21

グラタンおばあさんと
まほうのアヒル

アヒルが出した材料で
おばあさんが作った
まほうのグラタン

どんなおはなし?

　町はずれにある小さなレンガの家に住んでいるのは、グラタンが大好きなおばあさん。おばあさんは、黄色いアヒルの絵がついたお気に入りのグラタン皿を使って、毎日グラタンをこしらえていました。
　ある日おばあさんは、グラタン皿の絵のアヒルがまほうを使って食べものを出せることを知ります。アヒルのまほうを知ってからというもの、おばあさんはアヒルにたよってばかりで買いものにも行きません。うんざりしたアヒルはグラタン皿から飛び出し、家を出て行ってしまいました……。

どんな料理?

　おばあさんが作るグラタンの中身は、日によってさまざまでした。その
ひとつがほうれん草のグラタンです。
とけたチーズの下にアヒルがまほうを
使って出したほうれん草と、熱々の
ホワイトソースが入っています。

グラタンおばあさんと
まほうのアヒル

安房直子◉作　いせひでこ◉絵
［小峰書店］

**司書の
先生から**

　グラタン皿のアヒルがじゅもんをとなえ、目をつぶって、しんこきゅうを3つすると、ふしぎなことが起こります。グラタン皿から逃げ出したアヒルは、おばあさんのところに帰ってくるのでしょうか。

『グラタンおばあさんとまほうのアヒル』

まほうのグラタン

材料（2人分）	
ほうれん草	½たば（100g）
塩	小さじ1+2つまみ
玉ねぎ	中½こ
バター	15g
はくりき粉	大さじ½
牛乳または豆乳	200mL
こしょう	少々
ピザ用チーズ	50g
パン粉	小さじ2

用意するもの

たいねつゴムべら
グラタン皿

作り方

① なべにたっぷりの水と塩小さじ1を入れて火にかけ、ふっとうしたらほうれん草を根のほうから入れてゆでる。

② ほうれん草をボウルにとり、冷水で冷やす。冷めたら手でほうれん草をしぼり、根の近くを切り落とす。残りを3cmはばに切る。

③ 玉ねぎはたてにうす切りにする。

④ フライパンを弱火にかけ、バターを入れる。バターがとけたら、玉ねぎを入れていためる。

⑤ 玉ねぎがしんなりしたら、はくりき粉を入れてこげないようにいためる。

> 玉ねぎに粉をからませるようにしっかりいためよう

⑥ 火を止め、牛乳（豆乳）を入れて粉っぽさがなくなるまでまぜる。

⑦ 火をつけて、とろみがつくまでまぜる。

> へらで、底をこするようにまぜるよ

⑧ とろみがついたら、ほうれん草、塩2つまみ、こしょうを入れてまぜあわせる。

⑨ グラタン皿に入れ、ピザ用チーズ、パン粉をまんべんなくかける。

⑩ 180度のオーブンかオーブントースターで10分ほど、チーズに焼き目がつくまで焼く。

くまくまパン

お店のいちばん人気！
仲直りの
くまくまパン

どんなおはなし？

　町で「くまのパンや」を始めたのは、おさななじみのくまさんとしろくまさん。くまさんはあんぱん、しろくまさんはカレーパンを作るのが得意で、お店はたちまちひょうばんになります。

　ある日、お客さんからお店のいちばんのおすすめを聞かれたふたりは、それぞれ自分が作ったパンだと言いはり、ケンカをしてしまいます。お店もお休みが続き、お客さんたちが心配していると、お店のパンがおいしいというひょうばんを聞きつけた、王様のかばがやってきました。

どんな料理？

　王様のために、くまさんとしろくまさんが力をあわせて作ったパン。くまの形のパンの中には、あまからいミートボールが入っています。王様はあまりのおいしさに大満足。「くまくまパン」と名づけました。

司書の先生から

　くまさんとしろくまさんは、パンを作るのがとても上手です。ふたりが力をあわせれば、おいしいパンができることまちがいなし！「くまくまパン」のシリーズは3巻あります。どれもおいしそうなパンがたくさん出てきますよ。

くまくまパン
西村敏雄◉作　［あかね書房］

『くまくまパン』
仲直りのくまくまパン

材料（4こ分）

ホットケーキミックス	………………	200g
はくりき粉	………………	大さじ1
A ┌ ヨーグルト	………………	大さじ5
｜ サラダ油かオリーブ油	………	大さじ1
└ 塩	………………	ひとつまみ
市販のミートボール	………………	4こ
ときたまご	………………	1/2こ分

用意するもの

クッキングシート
はけかスプーン

じゅんび ▶ ◎オーブンを180度に予熱する
◎クッキングシートを天板にしく

作り方

1 ボウルにホットケーキミックスとはくりき粉を入れ、真ん中にくぼみを作って、Aを入れる。

2 人差し指、中指、薬指の第二関節くらいまで入れて、外から中にかきこむようにまぜていく。

> はだにくっつきやすい生地なので、指3本であつかうよ

3 生地がまとまってきたら、外側から折りこむようにしてひとまとめにする。

4 まな板にはくりき粉（分量外）をうすくふり、❸をおく。包丁で写真の番号の順に切る。

> 大きい生地が顔、小さい生地が耳になるよ

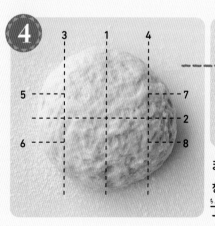

28

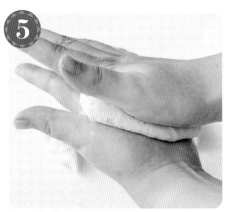

5

顔の生地をてのひらでおしつぶす。

6

手前と奥、右と左をつまんでくっつけてからうら返し、丸く形を整える。これを4こ作る。

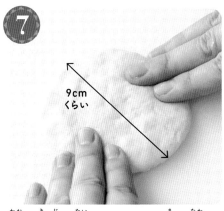

7

9cm
くらい

顔の生地を平らにのばす。真ん中にミートボールをおく。

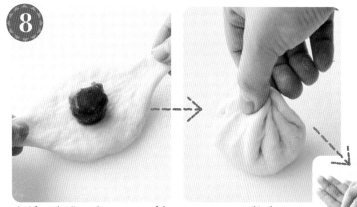

8

左右の生地を引っぱって上でくっつける。前後もくっつけ、さらに飛び出ている生地もくっつける。とじた面を下にして、てのひらで転がして丸く形を整える。

9

クッキングシートをしいた天板に間をあけてならべ、耳の生地を丸めてくっつけておく。

10

はけがないときは
スプーンの背で
ぬろう

表面にはけでときたまごをぬって、180度のオーブンで10〜20分きれいな焼き色がつくまで焼く。

おばけのソッチ
ラーメンをどうぞ

具が顔に見える！
ソッチのいたずら
おばけラーメン

どんなおはなし？

　あめやさんのかいだんに住んでいる、おばけの女の子ソッチ。ある日、ソッチはあめやのおばあさんとケンカをして家出し、ラーメン屋台の屋根うらにもぐりこみますが、店主のおじいさんに見つかってしまいます。
　屋根うらに住むかわりに、お店の手伝いをすることになったソッチでしたが、ソッチがもりつける「おばけラーメン」がたちまち大人気に！ お客さんの行列にクタクタになったおじいさんは、ついに道ばたでねむってしまいます。こまったソッチはお店を手伝ってくれる人をさがしに出ました。

どんな料理？

　具材を「ぎょうぎよくいれておくれ」と言われて、ソッチがもりつけたラーメンは、たまごの目がなきそうだったり、にらんでいたり。おばけの熱い息をふきかけた熱々ラーメンに、お客さんは大よろこびです。

でも やっぱり おばけですから、すこしかわってしまいます。ソッチの つくったラーメンは、こんな ラーメンになってしまいました。たまごの 目がなきそうだったり にらんでいたり。

司書の先生から

　「アッチ・コッチ・ソッチの小さなおばけ」シリーズは、1979年に『スパゲッティがたべたいよう』でスタートしました。楽しくてかわいいキャラクターが登場する、人気のシリーズです。今でも新しいお話が出版されています。

おばけのソッチ
ラーメンをどうぞ

角野栄子◎作　佐々木洋子◎絵
［ポプラ社］

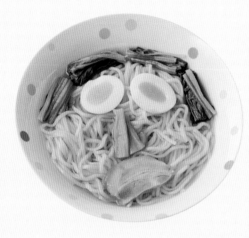

『おばけのソッチ　ラーメンをどうぞ』

おばけラーメン

材料（2人分）

インスタントラーメン	2ふくろ
ほうれん草	1〜2株
塩	小さじ$\frac{1}{2}$
長ねぎ	10cmくらい
ゆでたまご	1こ
焼きぶた	1〜4まい
メンマ	適量
なると	適量
のり	適量

用意するもの

ゆでたまごカッター
（なければ包丁か糸で切る）

※具材は、作る顔によって必要な量を用意してください。

じゅんび ▶ ●やかんかなべにスープ用の湯をわかしておく

　　　　　　●どんな顔にするか、考えておく

作り方

①

なべにたっぷりの水と塩を入れて火にかけ、ふっとうしたらほうれん草を根のほうから入れる。じくがやわらかくなったら、さいばしで葉も入れ、1分ほどゆでる。

②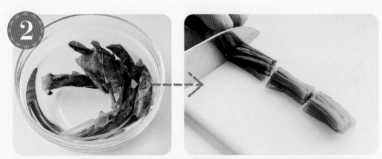

ほうれん草をボウルにとり、冷水で冷やす。冷めたら手でほうれん草をしぼり、根の近くを切り落としてから4cmはばに切る。

③

長ねぎは小口切りにする。

④

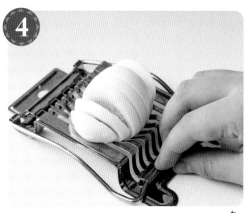

ゆでたまごは、ゆでたまごカッターで輪切りにする。カッターがないときは、包丁で切るか、糸を回して切る。

⑤

ラーメンができたらすぐにのせられるよう、用意しておくよ

顔にする具材をそろえておく。

⑥

なべに湯をわかし、インスタントラーメンのめんを、ふくろの表示通りゆでる。

⑦

どんぶりにインスタントラーメンのスープのもとを入れ、湯を入れ、まぜる。

⑧

❼に、ゆであがっためんを入れる。

⑨

具材をのせて顔のようにする。

なぞのキツネが
うれしそうに食べた
ごはんのピザ

どんなおはなし？

　つるばら村の高原のシラカバの林に、古い山小屋がありました。コックの卓朗さんは、ぐうぜんその小屋を見つけます。そこにはごはんがとてもおいしくたけるおかまがありました。卓朗さんは、ここでレストランを始めることを決心します。

　レストランのお客さんは高原にやってきた人たちです。でもたまに、めずらしいお客さんがやってきて……。きりが出たある夜、ピザをたのんだのは、黒いぼうしにマントをはおったキツネでした。

どんな料理？

　卓朗さんが作る、生地がごはんでできた直径10センチほどの小さなピザです。
　ピザの上にはトマトソースにせり、きのこ、そしてたっぷりのチーズ。具だくさんなピザを、キツネはおいしそうに食べました。

司書の
先生から

　『つるばら村のパン屋さん』から始まった「つるばら村」のシリーズは、10巻あります。パン屋さん、家具屋さん、はちみつ屋さん、理容師さん、洋服屋さん、大工さん、レストランなどがありますが、どのお店にもふしぎなお客がやってきます。

つるばら村の
レストラン

茂市久美子◉作
柿田ゆかり◉絵
［講談社］

『つるばら村のレストラン』
ごはんのピザ

材料（2まい分）

しめじ	$\frac{1}{3}$パック	ソース	
エリンギ	小1本	ケチャップ	大さじ3
せりまたは水菜	$\frac{1}{4}$株	おろしにんにく	少々
バター	15g	トマトジュース	大さじ1と$\frac{1}{2}$
温かいごはん	240g	ピザ用チーズ	70g
塩	少々		
かたくり粉	大さじ$\frac{1}{2}$		

じゅんび ▶ ●ソースの材料をまぜあわせておく

作り方

①

しめじは手でほぐし、エリンギは長さを半分に切って食べやすい大きさにほぐす。

②

せり（水菜）は、長さ3cmくらいに切る。バターは小さく切る。

③

ボウルにごはん、塩、かたくり粉を入れて、さっくりまぜる。

ラップに❸の半量を、丸い形になるようにのせる。ラップをかぶせてはさみ、平たくして直径10cm
くらいに形を整える。同じものをもうひとつ作る。

❹のラップをはずしてフライパンに入れ、ま
ぜあわせておいたソースをぬる。

しめじ、エリンギをのせ、バターをちらす。ピザ用チーズ
をのせる。

焼きあがり

フライパンにふたをして、中
火で焼く。チーズがとけたら
焼きあがり。もう1まいも同じように焼く。

皿にもり、せり(水菜)をのせる。

料理の基本

料理をするときに知っておきたい、
材料の正しいはかり方や、切り方をしょうかいします。
基本を覚えるだけで、料理がよりおいしく作れるようになりますよ。

その1 計量の基本

調理を始めるときは、まず材料をそろえて、それぞれの分量をはかります。はかるときに使う道具は、作り方ページの「材料」の分量を見るとわかります。「g」ならはかり、「mL」なら計量カップ、「大さじ」「小さじ」なら計量スプーンを使いましょう。

「材料」の分量を見て何ではかるかを決めるよ！

材料

はくりき粉	80g	はかり
牛乳	30mL	計量カップ
さとう	大さじ1	計量スプーン
塩	小さじ1	

はかりではかる

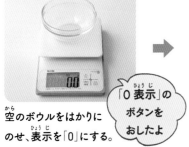

「0表示」のボタンをおしたよ

空のボウルをはかりにのせ、表示を「0」にする。

ボウルに材料を入れ、分量をはかる。

計量カップではかる

計量カップに材料を入れ、平らな場所におく。めもりの位置を真横から見てはかる。

計量スプーンではかる

◉粉末

大さじ1

山もりにすくい、平らにならしすりきりにする。

大さじ1/2

大さじ1をはかってから、半分をかき出す。

◉えきたい　✕

大さじ1

表面がもりあがるくらいまで、スプーンいっぱいに入れる。

指で入れる

少々

親指と人差し指の先でつまんだ分量。

ひとつまみ

親指、人差し指、中指の3本でつまんだ分量。

38

切り方の基本

材料にはそれぞれの形にあった切り方や、調理法にあわせた切り方があります。レシピによく出てくるおもな切り方を覚えましょう。

うす切り

たて半分に切ってから、切り口を下にする。つけ根側を手前にしておき、うすく切る。

輪切り

切り口が丸くなるように、同じあつさで切る。

いちょう切り

たて半分に切ってから、切り口を下にしてたて半分に切り、同じあつさで横に切る。

乱切り

全体を回しながら、ななめに切る。形はちがっても、大きさはそろえながら切る。

短冊切り

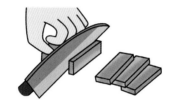

5cmくらいの長さに切ってから、1cmくらいのはばでたてに切り、それぞれをうすく切る。

せん切り

キャベツなどの葉を1〜2まいとって丸める。まな板におしつけ、はしから細く切る。

角切り

5cmくらいの長さに切る。たてにして1cmくらいのはばで切り、さらにたてにぼうじょうに切る。四角くなるように横に切る。

みじん切り

●玉ねぎの場合

たて半分に切ってから、切り口を下にする。つけ根を残し、3〜4mmくらいのはばで、たてに切りこみを入れる。はしは、少しななめにする。

向きを変えて上からおさえる。3〜4mmくらいのはばで横からこまかく切る。

ななめ切り

細い形の材料を、同じあつさでななめに切る。

小口切り

細長い材料を、切り口が丸くなるように、同じあつさで切る。

くし形切り

半分に切ってから、切り口を下にして、さらに半分に切る。内側から2〜3等分に切る。

監修

金澤磨樹子 かなざわ まきこ　東京学芸大学附属世田谷小学校 司書

岩手大学教育学部卒業。小学校教員、三鷹市での小学校図書館の司書を経て現職に。科学読物研究会会員。日本子どもの本研究会会員。学校図書館問題研究会会員。日野おはなしの会会員。共著に『先生と司書が選んだ調べるための本　小学校社会科で活用できる学校図書館コレクション』『りかぼん　授業で使える理科の本』『学校司書おすすめ! 小学校学年別知識読みもの240』(すべて少年写真新聞社)がある。

今　里衣 こん さとえ　東京学芸大学附属世田谷小学校 栄養教諭

日々の子どもたちとの関わりを通して献立作成・食育授業を行う。子どもたちが楽しみながら学べる給食づくりを大切にしている。初任地は東日本大震災後の宮城県。給食に関わり支える人たちのひたむきな姿を目の当たりにし、学校給食の背景を知る。生産者への訪問など「人」とつながることで社会のあり方についても関心を深め、社会デザイン学(修士号)を取得。学校給食の持つ可能性を広げていく。監修に『まかせてね　今日の献立(全3巻)』(汐文社)がある。

レシピ考案‥‥‥‥‥‥‥‥‥今 里衣、ダンノマリコ
料理作成・スタイリング‥‥‥‥‥ダンノマリコ

写真‥‥‥‥‥‥‥‥‥‥‥‥キッチンミノル
キャラクターイラスト‥‥‥‥‥‥オヲツニワ
イラスト‥‥‥‥‥‥‥‥‥‥ゼリービーンズ
デザイン‥‥‥‥‥‥‥‥‥‥小沼早苗(Gibbon)
DTP‥‥‥‥‥‥‥‥‥‥‥有限会社ゼスト
校正‥‥‥‥‥‥‥‥‥‥‥齋藤のぞみ
編集‥‥‥‥‥‥‥‥‥‥‥株式会社スリーシーズン(奈田和子、渡邊光里、藤木菜生)

★協力
岩崎書店、福音館書店、小峰書店、あかね書房、講談社

★撮影協力
UTUWA(電話03-6447-0070)、AWABEES(電話03-6434-5635)

物語からうまれたおいしいレシピ

❶ 日本のお話レストラン

発行‥‥‥‥‥‥‥‥‥‥2024年4月　第1刷

監修‥‥‥‥‥‥‥‥‥‥金澤磨樹子　今　里衣
発行者‥‥‥‥‥‥‥‥‥加藤裕樹
編集‥‥‥‥‥‥‥‥‥‥小林真理菜
発行所‥‥‥‥‥‥‥‥‥株式会社ポプラ社
　　　　　　　　　　　〒141-8210　東京都品川区西五反田3-5-8
　　　　　　　　　　　JR目黒MARCビル12階
　　　　　　　　　　　ホームページ　www.poplar.co.jp(ポプラ社)
　　　　　　　　　　　kodomottolab.poplar.co.jp(こどもっとラボ)
印刷・製本‥‥‥‥‥‥‥今井印刷株式会社

ISBN978-4-591-18095-2　N.D.C.596　39p　27cm

物語からうまれた
おいしいレシピ 全5巻

［監修］

東京学芸大学附属世田谷小学校 司書　金澤 磨樹子

東京学芸大学附属世田谷小学校 栄養教諭　今　里衣

❶ 日本のお話レストラン

❷ お話ごはんで世界旅行

❸ 魔法のきらきらスイーツ

❹ ときめきプレゼントおかし

❺ わくわくパーティーとほっこりお弁当

小学校中〜高学年向き

N.D.C.596　AB判　オールカラー

各巻39ページ

図書館用特別堅牢製本図書